Paulus Vennebusch

OMA
für Einsteiger

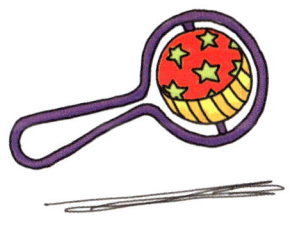

arsEdition

Eine Großmutter im Haus –
ein Schatz im Haus.

Babylonischer Talmud

Großmutter, warum hast du so große Augen?

Ganz einfach: damit Sie das vorliegende Buch besser lesen können!

Herzlichen Glückwunsch, liebe Leserin, zu Ihrem ersten Enkelkind. Endlich sind Sie Großmutter! Und das ist immer etwas ganz Besonderes – egal, ob Sie 40, 60 oder 80 Jahre alt sind. Ab jetzt ist nichts mehr, wie es einmal war, denn das jüngste Familienmitglied wird Ihr Leben ganz schön auf den Kopf stellen.
Jetzt sind wieder die Kenntnisse und Erfahrungen gefragt, die Sie bei der Erziehung Ihrer eigenen Kinder gesammelt haben. Wobei für Großmütter folgende Formel gilt:

Erziehung der eigenen Kinder = Liebe x Strenge
Erziehung der Enkel = Liebe x Milde x (Bonbons + Eis)²

Oma ist keine Frage des Alters

Der Begriff „Oma" ist für einige Zeitgenossen gleichbedeutend mit „alte Frau". Allerdings nur für die, die einen Jahreswagen gleich für einen Oldtimer halten. Die deutsche Großmutter ist bei der Geburt des ersten Enkelkindes im Durchschnitt 52 Jahre alt – und somit im allerbesten Alter. Oder würden Sie Jodie Foster, Demi Moore und Christine Neubauer zu den Senioren zählen?*
Es geht auch noch jünger: 35 % Prozent der deutschen Groß-eltern sind beim „ersten Mal" erst zwischen 40 und 50 Jahre alt. Und 2,9 % sind sogar unter 40.
Ihrem Enkel ist es übrigens völlig egal, wie alt Sie sind – für das Kind zählen Sie zu den beiden jüngsten Omas, die es je hatte!

*Stand 2014. Wenn Sie diesen Abschnitt erst 30 Jahre später lesen, vergessen Sie die Frage einfach.

Erst bei den Enkeln ist man dann so weit, dass man die Kinder ungefähr verstehn kann.

Erich Kästner (1899 – 1974), deutscher Schriftsteller

Wer bin ich, und wenn ja: Wie heiße ich?

• •

Wie möchten Sie ab jetzt genannt werden? „Großmutter", „Oma", „Omilein", „Alte" oder „Großmama"? Oder doch lieber zeitgeistig „Edith", „Rita", „Mathilde" oder _____ (hier bitte den eigenen Vornamen eintragen)? Wenn es um die Bezeichnung Ihrer innerfamiliären Position geht, bieten sich dem Enkelkind zahlreiche Möglichkeiten. Viele Großmütter versuchen, die Wahl zu beeinflussen, indem sie dem Kind ihren Wunschtitel mantraartig vorbeten und von sich selbst in der 3. Person reden:

„Kommst du mal zu Oma?"

„Jetzt kocht die Oma einen Brei."

„Hör auf, der Oma Legosteine in den Prosecco zu schmeißen!"

Diese Methode *kann* funktionieren, *muss* aber nicht. Zwar kann es passieren, dass das Enkelkind den Vorschlag annimmt und später tatsächlich wie gewünscht „Oma" sagt. Es kann aber auch sein, dass es sagt: „Frau Piepenkötter, Sie nerven mit Ihrem dauernden Illeismus*!"

*Illeismus: Das Sprechen von sich selbst in der 3. Person

„Oma! Oooooma!" – sind wirklich Sie gemeint?

Sollten Sie später, wenn Ihr Enkelkind sprechen kann, den Ruf „Oma" aus dem Kinderzimmer hören, müssen Sie nicht gleich aufspringen und besorgt zu Ihrem Enkel eilen – vielleicht meint das Kind gar nicht Sie, sondern etwas ganz anderes.

Mit „OMA" kann gemeint sein:

Ein Fluss im Nordwesten Russlands
Eine Stadt in der japanischen Präfektur Aomori
Der Nachname eines norwegischen
Badminton-Nationalspielers (Hallstein Oma)
Ein Schlauchschal der NVA (Nationale Volksarmee
der ehemaligen DDR)
Ein Hilfsqueue beim Billard
Das olympische Länderkürzel für Oman
Kürzel für den walisischen Männerchor „Only Men Aloud!"

Da lacht der Enkel

Die Oma geht zum Arzt und sagt:

„Herr Doktor, Sie müssen mir das Treppensteigen wieder erlauben. Dieses ewige Rauf und Runter an der Dachrinne macht mich fix und fertig!"

Willkommen in der VIP-Lounge

Seit der Geburt Ihres Enkelkindes zählen Sie definitiv zu den VIPs , den „Very Important Persons". Und dafür müssen Sie nicht einmal über den roten Teppich gehen, sich „oben ohne" auf irgendeiner Jacht fotografieren lassen oder sich einen Mann mit Sylvie van der Vaart teilen. Denn für Ihr Enkelkind sind Sie wichtiger als alle Stars und Starlets zusammen. Im Rahmen einer Schweizer Studie haben mehr als 90 % der befragten Menschen die Beziehung zu ihren Großeltern als wichtig eingestuft. Die meisten nannten Oma und Opa „liebevoll" und „großzügig". Als besonders wertvoll empfanden die Enkel die Zeit, die die Großeltern ihnen widmeten. Und dafür gibt es den von Kinderhand ausgestellten VIP-Ausweis auf Lebenszeit!

Gestern noch ältere Dame, heute schon junge Oma ...

Falls Sie geglaubt haben sollten, dass eine Frau sich schlagartig alt fühlt, sobald sie Großmutter ist, erleben Sie nun eine freudige Überraschung: Das Gegenteil ist der Fall. Enkelkinder wirken auf Omas wie ein Jungbrunnen. Plötzlich tun sie Dinge, die sie das letzte Mal als Teenie gemacht haben. Denn ganz ehrlich: Würden Sie in Ihrem Alter noch auf allen vieren durch die Wohnung kriechen, lustige Grimassen ziehen oder sich im Schnellrestaurant eine Pappkrone auf den Kopf setzen, wenn Sie kein Enkelkind hätten?

5 Gründe, warum sich Omas auf einmal
wieder jung fühlen:

Sie klettern auf Tunnelrutschen.
Sie sprechen mit Stofftieren.
Sie zeichnen mit Apfelmus Gesichter
in den Milchreis.
Sie lecken ihre Brei-Finger ab.
Sie gucken voller Begeisterung
„Die Sendung mit der Maus".

Omas sind cool!

Dutt, Strickzeug, Rüschenbluse – das war früher die typische Grundausstattung einer klassischen Großmutter. Auch heute gibt es solche Omas noch – allerdings nur im Kasperle-Theater. Die echten Großmütter hingegen stehen mit beiden Beinen im modernen Leben: Sie sind cool, clever und voller Energie. So manche Oma ist auf dem Spielplatz schon für ihre eigene Tochter gehalten worden (auch wenn sie eigentlich nur einen Sohn hat).

Wenn gelegentlich etwas Altmodisches wieder Mode wird, merken wir, wie bezaubernd unsere Großmütter gewesen sein müssen.

Sigmund Graff (1898 – 1979),
deutscher Schriftsteller und Dramatiker

Oma ist der beste Ratgeber – aber nur manchmal

Natürlich sind Sie eine wahre **Expertin** in Kinder-Angelegenheiten. Schließlich haben Sie mit Ihrem eigenen Nachwuchs das Ganze vor ein paar Jahrzehnten schon einmal erfolgreich durchlebt. Niemand macht Ihnen was vor, wenn es um wunde Babypopos, ideale Brei-Temperaturen und Hausmittel gegen Blähungen geht. Vor allem aber haben Sie am eigenen Leib erfahren, wie Ihre eigene Mutter oder Schwiegermutter Sie ständig und ungefragt darauf hingewiesen hat, was Sie alles falsch gemacht haben. **Erinnern Sie sich daran** – und lassen Sie Ihr Kind seine eigenen Erfahrungen machen. Und seien Sie sicher, dass man Sie trotzdem oft genug um Rat fragen wird.

Da lacht der Enkel

Der kleine Finn hat sich die Hand aufgeschürft, es blutet. Er weint zum Steinerweichen. Die Oma tröstet ihren Enkel:

„Der liebe Gott heilt das ganz schnell!"

Finn hört auf zu weinen und fragt schluchzend:

„Muss ich rauf oder kommt er runter?"

Eine Großmutter hat immer Zeit für dich, wenn der Rest der Welt beschäftigt ist.

Daniel Sanders (1819 – 1897),
deutscher Lexikograf und Sprachforscher

Geduld ist _Ihre_ Tugend

Der niederländische Philosoph Spinoza wusste schon im 17. Jahrhundert: „Geduld ist die Tugend der Glücklichen." Und damit die Tugend der Großmütter. Als glückliche Oma haben Sie sicherlich einen längeren Atem als Tante Berg, die in einem Kinderbuchklassiker von Astrid Lindgren den „Kindern aus der Krachmacherstraße" als Oma-Ersatz dient. Die schwedische Autorin beschrieb das ambivalente Verhältnis, das die alte Dame zu den Kindern hatte, folgendermaßen: „Tante Berg freut sich immer zweimal. **Erst freut sie sich, wenn wir kommen. Und dann freut sie sich, wenn wir wieder gehen."**

Bahn frei: Hier kommt Super-Omi!

Mama ist einkaufen? Papa will Rasen mähen? Die Babysitterin muss für die Matheklausur pauken? Und alle anderen sind im Urlaub, im Stress, im Kino oder im Stau? Kein Problem: Ein Anruf, und Super-Omi kommt! Für ihr Enkelkind hat Super-Omi immer Zeit! Und Super-Omi hat nicht nur superviel Zeit, sie kann auch super singen, super vorlesen, super füttern, super spielen, super aufpassen und super erzählen. Außerdem kann sie super wickeln, super baden, super wiegen, super cremen und super trösten. Und wenn mal was Superwichtiges fehlt, dann flitzt sie superschnell zum Supermarkt. Das ist doch einfach super, oder?

Da lacht der Enkel

Fritz erklärt seinem Vater:

„Papa, wenn ich groß bin, werde ich Oma heiraten!"

Der Vater ist empört:

„Das geht nicht! Du kannst doch nicht einfach meine Mutter heiraten!"

„Warum denn nicht? Du hast doch auch meine Mutter geheiratet!"

Oma international, Teil I

Diese Hollywood-Stars haben eine deutsche Großmutter:

Gwyneth Paltrow

Jodie Foster

Bruce Willis

Nicolas Cage

Leonardo DiCaprio
(ging mit Omi Helene aus Oer-Erkenschwick
sogar über den roten Teppich)

Erst wenn man genau weiß, wie die
Enkel ausgefallen sind, kann man beurteilen,
ob man seine Kinder gut erzogen hat.

Erich Maria Remarque (1898–1970),
deutscher Schriftsteller

Geschichten aus einem anderen Universum

Für einen Enkel ist die Oma die beste Geschichtenerzählerin der Welt. Denn sie ist Zeugin einer Ära, die sich für den Familiennachwuchs so fern und exotisch anhört wie für uns Erwachsene das Paläoproterozoikum (sparen Sie sich das Googeln, damals waren Sie garantiert noch nicht auf der Welt). Erzählen Sie dem Kind von einer Welt mit nur drei Fernsehprogrammen! Mit Büchern aus sogenanntem Papier! Und ohne Smartphone! Und dann machen Sie ihm irgendwie plausibel, wie die Menschheit *trotzdem* überleben konnte!

Oma 2.0 – immer am Puls der Zeit

So faszinierend Ihre Geschichten von früher auch sind – wollen Sie als Oma für Ihr Enkelkind auf Dauer interessant bleiben, müssen Sie sich auch im Hier und Jetzt auskennen. Spätestens wenn die Kleinen nicht mehr ganz so klein sind und sich für Musik, Mode und noch was mit M interessieren, ist aktuelles Fachwissen gefragt. Auf den folgenden Seiten können Sie selbst überprüfen, wie fit Sie für die nächste Generation sind.

Der Oma-Test:
Bin ich fit für meinen Enkel?

Was wird niemals auf der Wunschliste Ihres Enkelkindes stehen?

a) iPad
b) iPod
c) iPhone
d) iGelb

Wer ist bei jungen Musikfans besonders beliebt?

a) Günter Dachs
b) Justin Bieber
c) Darth Marder
d) Bata Iltis

Wenn Ihr Enkelkind etwas richtig gut findet, dann sagt es …

a) Krass
b) Kross
c) Chris
d) Suppenwürfel

Richtige Lösung: 1 d), 2 b), 3 a)

Sollten Sie mehr als zwei falsche Antworten haben, lesen Sie bitte ab jetzt jede Woche die „Bravo".

Ein Loblied auf die Oma

Sie wollen von Ihrem Enkel nicht nur geliebt und bewundert, sondern auch besungen werden? Dann verpassen Sie es nicht, dem Kleinen frühzeitig die wohl berühmteste Oma-Hymne aller Zeiten einzutrichtern: „Meine Oma fährt im Hühnerstall Motorrad". Ein Klassiker, der erstmals 1942 belegt ist und dessen Text übrigens auf die Melodie des 20 Jahre älteren und für Sie wesentlich unvorteilhafteren Titels „Wir versaufen unser Oma ihr klein Häuschen" geschmettert wird. Und wenn Sie schon dabei sind, dieses beliebte Loblied der nächsten Generation anzuvertrauen, sollten Sie den Text den heutigen Gegebenheiten ein wenig anpassen. Denn welche Oma würde heute noch guten Gewissens im Hühnerstall Motorrad fahren (allein wegen des Tierschutzes und der Abgaswerte)?

Neue Strophen für
„ Meine Oma fährt im Hühnerstall Motorrad"

Meine Oma schreibt die E-Mails noch mit Füller, mit Füller, mit Füller …

Meine Oma isst nur Bio-Zeug mit Dinkel, mit Dinkel, mit Dinkel …

Meine Oma surft im Internet mit Schnorchel, mit Schnorchel, mit Schnorchel …

Meine Oma kocht den Kaffee auf 'nem iPad, 'nem iPad, 'nem iPad …

Meine Oma sieht so aus wie Lady Gaga, -dy Gaga, -dy Gaga …

Omas dürfen alles – aber nur fast!

Als Oma genießen Sie so etwas wie diplomatische Immunität. Sie dürfen fast alles, ohne dass Sie dafür zur Rechenschaft gezogen werden. Sie dürfen Ihrem Enkelkind ohne jeden Anlass ein Fahrrad schenken. Es heimlich mit Süßigkeiten versorgen. Es länger fernsehen lassen. Wochentags mit ihm in den Zoo gehen. Sie dürfen es sogar, wenn es denn unbedingt sein muss, für Volksmusik begeistern. Es gibt nur eine einzige Sache, die jedes Enkelkind abgrundtief hasst und die in ihm ein lebenslanges Oma-Trauma auslösen kann, und darum ist diese eine Sache für alle Zeiten strengstens verboten:

Nie, niemals, neverever dürfen Sie Ihrem Enkelkind mit einem Taschentuch und Spucke Schokoreste aus dem Gesicht wischen!

Wenn du intelligente Kinder willst, lies ihnen Märchen vor. Wenn du noch intelligentere Kinder willst, lies ihnen noch mehr Märchen vor.

Albert Einstein (1879 –1955), deutscher Physiker

Die Steigerung von „Multitasking": „Omitasking"

Viele Manager rühmen sich, Meister des Multitaskings zu sein: Sie leiten eine Telefonkonferenz, schreiben den Geschäftsbericht, entlassen Mitarbeiter und schwängern die Sekretärin – und das alles gleichzeitig. Sie als Oma zucken da nur mit den Schultern und sagen: „Na und?" Für Sie ist Multitasking das Normalste der Welt: gleichzeitig wickeln, singen, knuddeln, füttern, Fieber messen, Fläschchen erwärmen, zudecken, vorlesen und in den Schlaf wiegen – das ist Omitasking pur! Wer das kann, der könnte auch zehn Weltkonzerne gleichzeitig führen. Nur das mit der Sekretärin würden Sie vermutlich anders lösen.

Oma international, Teil II

Das sagt man anderswo zur Großmutter:

Nonna (Italien)

Babcia (Polen)

Obaa-San (Japan)

Büyükanne (Türkei)

Avó (Portugal)

Omma (Bochum-Wattenscheid)

Die Menschen, denen wir eine Stütze sind,
geben uns den Halt im Leben.

Marie von Ebner-Eschenbach (1830 –1916),
österreichische Schriftstellerin

Die Omas von heute – fit wie ein Turnschuh

Die 44-jährige nepalesische Oma Ang Dami Sherpa präsentierte sich mitten im Himalaja als ausdauernde Bergsteigerin. Am Mount Everest trat sie zum Hochgebirgs-Marathon an und bewältigte die 42 Kilometer lange Strecke zwischen dem Everest-Basislager (5364 m) und Namche Bazaar (3446 m) in sechs Stunden und zwei Minuten. Kein schlechtes Ergebnis für eine Großmutter – vor allem wenn man bedenkt, dass die gute Frau außerdem noch im dritten Monat schwanger war!

Eine Großmutter, die mit Haien kämpft, während sie ohne fremde Hilfe 139 Kilometer durchs offene Meer schwimmt – Sie meinen, so etwas gibt es nicht? Doch, das gibt es: Die 49-jährige Australo-Britin Penny Palfrey hat dieses Abenteuer gewagt und den Versuch unternommen, ohne schützenden Hai-Käfig von der kubanischen Hauptstadt Havanna nach Florida zu schwimmen. Zum Glück haben die Enkel dabei nicht zugeschaut. So kann Oma Penny den Kleinen weiterhin glaubhaft klarmachen, dass sie im Baggersee nicht so weit rausschwimmen sollen.

Johanna Quaas aus Halle an der Saale ist Deutschlands fitteste Oma: 2012 wurde die 86 Jahre alte Großmutter mehrfache deutsche Seniorenmeisterin im Turnen und gilt seitdem laut „Guinness-Buch der Rekorde" als älteste Turnerin der Welt. Dass auch Kids das cool finden, zeigt ihre unglaubliche Popularität im Internet: Oma Johanna bekam innerhalb weniger Tage sagenhafte 5 Millionen Youtube-Clicks!

Viele Kinder sind deshalb so verzogen, weil man Großmütter nicht übers Knie legen kann.

Adele Sandrock (1863 – 1937),
deutsch-niederländische Schauspielerin

Da lacht der Enkel

Zwei Brüder übernachten bei ihrer Oma. Abends im Bett vor dem Einschlafen beten sie noch, während die Oma im Wohnzimmer strickt. Sagt der Größere:

„Ich wünsche mir ein Skateboard."

Schreit der Kleinere:

„Lieber Gott, ich wünsche mir ein neues Fahrrad."

Sagt der Größere:

„Warum schreist du denn so? Der liebe Gott ist doch nicht schwerhörig."

Meint der Kleinere:

„Der liebe Gott nicht, aber Oma."

Oma ist die Beste!

Vielleicht wussten Sie es noch nicht, aber Sie sind die liebste, schönste, beste und tollste Frau der Welt. Herzlichen Glückwunsch dazu. Eigentlich müssten Sie längst eine eigene Doppelseite im „Guinness-Buch der Rekorde" haben. Und die bekommen Sie auch, sobald Ihr Enkelkind in der Lage ist, die zuständige Jury über Ihre rekordwürdigen Vorzüge zu informieren.

Denn das ist eine der schönsten Seiten Ihres neuen Lebensabschnitts: In den Augen Ihres Enkelkindes sind Sie schlicht und einfach perfekt (solange Taschentuch und Spucke nicht zum Einsatz kommen). Ein schmeichelhafter und angenehmer Vertrauensvorschuss, der offenbar auf Gegenseitigkeit beruht. Anders ist es nicht zu erklären, dass Großmütter jede noch so kleine Regung des Enkels als achtes Weltwunder feiern.

Was das Enkelkind tut und wie Oma es interpretiert

Es macht ein Bäuerchen.　　„Es kann sprechen!"

Es spuckt Brei aus.　　„Es wird sicher mal Restaurant-Kritiker!"

Es macht in die Windeln.　　„Es kann schon zeigen, wie es Volksmusik findet!"

Es guckt doof.　　„Es guckt genau wie Opa!"

Es fällt vom Wickeltisch.　　„Es kann fliegen!"

Da lacht der Enkel

Eine Oma sitzt im Bus. Gegenüber von ihr sitzt ein Junge, der geräuschvoll Kaugummi kaut. Sagt die Oma:

„Entschuldige, aber ich kann dich nicht hören, ich bin leider taub."

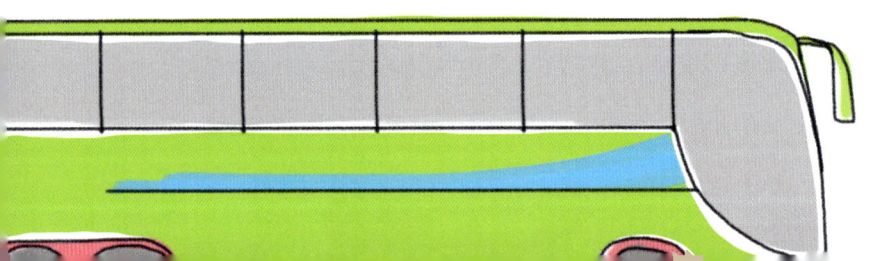

Weiß man denn, was einen gesund gemacht hat?
Die Heilkunst, das Schicksal, der Zufall
oder Omas Gebet?

Michel de Montaigne, (1533 – 1592),
französischer Jurist, Politiker und Philosoph

Berühmte Omas

Einige Großmütter sind nicht nur in den Augen der eigenen Enkel echte Superstars, sondern sie genießen auch außerhalb der Familie eine gewisse Popularität. Denken wir nur an Oma Sharif, die dank ihrer Mitwirkung in Harald Schmidts TV-Show „Schmidteinander" Kultstatus erlangte, oder an Donald Ducks Großmutter Dorette („Oma Duck"). Die berühmteste aller Omas ist jedoch ohne Zweifel die Großmutter von Rotkäppchen. Ihren Ruhm verdankt die Märchen-Oma einer Geschichte der Gebrüder Grimm, die damals schon unrealistisch angemutet haben muss und heute erst recht nicht mehr so passieren könnte. Klar, denn der Wolf steht mittlerweile unter Artenschutz. Aber auch Rotkäppchens weltbekannter Fragenkatalog an die vermeintliche Oma würde heute eventuell ganz anders beantwortet werden.

Wie der Wolf heute Rotkäppchens Fragen beantworten würde:

„Großmutter, warum hast du so große Ohren?"
„Das war der gleiche Schönheitschirurg, der mir auch die Brüste gemacht hat."

„Großmutter, warum hast du so große Augen?"
„Das liegt an den vierzehn Latte macchiato, die ich heute schon getrunken habe."

„Großmutter, warum hast du einen so großen Mund?"
„Wie kannst du es wagen, mich ‚Großmutter' zu nennen? Mein Name ist Mick Jagger!"

Das Leben als Oma – was gibt es Schöneres?

Sie haben in Ihrem Leben schon eine ganze Menge erlebt: Sie haben politische Systeme entstehen und stürzen sehen. Sie haben Modetrends kommen, gehen und wiederkommen sehen. Sie haben Tschernobyl, Raucherlokale und „Modern Talking" überlebt. Und als erfahrene Mutter wissen Sie natürlich, was zu tun ist, um ein Kind fit für das Leben zu machen. Jetzt ist es erneut an der Zeit, diesen lebenslang gesammelten Erfahrungsschatz weiterzugeben. Ihre Stärken, **die jetzt wieder gefragt sind, heißen** Wissen, Gelassenheit, Zeit und Liebe.

Freuen Sie sich also auf die gemeinsame Zeit mit Ihrem Enkelkind und genießen Sie Ihr neues Dasein, liebe Oma!

Mit Kindern zusammen zu sein
ist Balsam für die Seele.

Fjodor M. Dostojewski (1821–1881),
russischer Schriftsteller

Textnachweis:

S. 5: Erich Kästner, „Gesang zwischen den Stühlen". © Atrium Verlag,
Zürich und Thomas Kästner
S. 23: Erich Maria Remarque: „Das unbekannte Werk. Frühe Prosa,
Werke aus dem Nachlass, Briefe und Tagebücher". Herausgegeben
von Thomas F. Schneider und Tilman Westphalen. © 1998, Verlag
Kiepenheuer & Witsch GmbH & Co. KG, Köln

In einigen Fällen war es nicht möglich, für den Abdruck der Texte die
Rechteinhaber zu ermitteln. Honoraransprüche der Autoren, Verlage
und ihrer Rechtsnachfolger bleiben gewahrt.

arsedition.de/service
Illustration und grafische Gestaltung: Nadine Jessler
ISBN 978-3-8458-1930-3
Wir behalten uns die Nutzung unserer Inhalte für Text
und Data Mining im Sinne von § 44b UrhG ausdrücklich vor.

www.arsedition.de